Alex Ferraz Rosa

CORTE
TRANSVERSAL

IDEIAS CLARAS

Alexandro Ferraz da Silva

Edição

Barbudo

Leocamis79@gmail.com

IDEIAS CLARAS

Para Railda

Apresentação

Em Corte Transversal, o poeta Alex Ferraz Rosa
trafega por diversos ambientes e deixa, em cada um
deles, um olhar que desvela o objeto; colocando,
desta maneira, o leitor em contato direto com os
aspectos vivenciais produzidos pela relação poeta-
objeto. Os diversos planos introduzidos por esta
relação são os elementos sensíveis em que o poeta
apoiará sua linguagem para revelar o poema.
A expressão "pensar na morte da bezerra" de uso
comum no meio social é ampliada e ressignificada no
poema "Morte da Bezerra". O sujeito contemplativo e
alheio ao mundo definido pela expressão é
ressignificado pelo verbo enlouquecer que o coloca
em um novo universo semântico. No poema, o sujeito
pouco se importa com a morte dos seus sonhos, mas
quase enlouquece com a morte da bezerra. Não se
abater com a morte dos sonhos expõe o
estranhamento do sujeito em relação a si mesmo e
quase enlouquecer com a morte da bezerra determina
o seu engajamento ideológico a uma superestrutura
não imanente a sua existência. O tom irônico do

poema é mais um tempero nesta crítica a modernidade.

O plano em que se dá o poema "Morte da bezerra" é equivalente a aquele em que se encontram "Fábrica de mula", "Sapo", "Desforra" ... Resguardadas as especificidades de cada poema e seus respectivos planos, a tônica crítica é a mesma. Já em "Olhar", a dimensão é outra, o sujeito que observa o céu refletido na água e os peixes nela nadando, conclui que os peixes brincam e fingem serem pássaros. Aqui a percepção do reflexo do céu, acesso exclusivo do sujeito, é transferida aos peixes, esse perceber transferido causa uma quebra de expectativa e é de grande beleza poética.

No decorrer do livro, muitos são os mundos percorridos e diversas são as maneiras do poeta tratá-los. A dureza da pedra é estendida às crenças, ao trauma, ao eu... É estendida a qualquer coisa que insiste em permanecer diante do rio, fluxo permanente do tempo e das imagens que permeia o inconsciente do poeta e do mundo. O retrato que resiste ao rio em "Água fera" evidencia esta relação que remete ao conflito Heráclito-Parmênides. Se aqui, Platão colocou as coisas no lugar, dando a César o que é de César; no poema, o poeta resolve em favor do rio, do tempo, da mudança... Isso fica claro no verso "preso ao leito sujo", essa sujeira não pertence ao rio, eterno fluxo, mas ao próprio retrato que fixado desnatura o tempo e perverte o seu entorno. Cabe ressalva que a decisão em favor do rio não é filosófica, mas sim uma exigência da liberdade, condição essência do ofício poético, "o intelecto anda de passo a passo, não se rasga sobre o abismo", diz o poeta em "A vida".

Aliás o ofício poético é explorado pelo escritor a fim de fazer emergir as estruturas sensíveis que dão suporte a natureza humana, pois para fazer é preciso perceber, mas percebendo que percebe aconchega-se naquilo que sente," Enquanto ferve nos pedregulhos a carne, o poema, que ainda jaz a espera, é um afogamento". A atividade poética é, desta maneira, um garimpo na subjetividade e aqui o poeta está exposto, pois alteridade, a toda mazela humana. Mas o poema é o ouro encontrado, uma vez que "quem dele respira, fecunda-se com seu germe alucinógeno".

O editor

Sumário

Desforra

Quando eu era criança,
eu era criança por fora,
comi o pão da vergonha
e isso não deu no Jornal Nacional.
Agora, por fora,
estou de tudo;
mas por dentro
sou criança...
Isso me parece uma desforra.

Sapo engolido

O sapo engolido não morre
quando atravessa a garganta.
No escuro misterioso, cria barriga,
cresce as unhas.
E sua pele de caroço
arranha toda palavra proferida.
Ele cresce tanto
que anos depois é possível saber do homem
que tem sapo na barriga:
se alguém fala sapo, o homem pula.

Fábrica de mula

E de novo levantou a cabeça
e levou mais um tapa,
levantou de novo e levou outro...
Assim funcionam as fábricas
de mulas sem cabeça

Morte da bezerra

Abateu-se pouco
com a morte dos seus sonhos,
mas quase enlouqueceu
com a morte da bezerra.

No mercado

Eu a vi

e ela me viu;

e, nesse instante,

quando os dois olhares se confrontaram,

percebemos na hora que a gente era infeliz.

Ficamos embaraçados...

Olhamos para a bancada

e continuamos a escolher as batatas.

Roupa velha

Não sairia com a roupa
que estava ajustada,
vestiu-se de uma outra
que no corpo alucinava.
Sentiu-se louca, doida, apavorada;
voltou a si
e, num recato, trocou de roupa:
aquela acostumada, insatisfeita.
Entretanto no claustro
que se supunha amada.

A maquiagem

A maquiagem que a pessoa se guarda
pode ser de rosto,
de corpo ou de profissão,
maquiagem de bom garoto,
de escroto, de covarde,
quiçá da verdade, de tudo que,
por vaidade ou escombro,
põe-se à parte.
Até os bichos fazem maquiagem,
veja o louva-Deus e outros faunos
que fazem disso uma proteção.

Inverso colosso

Amai o brilho cintilante da eternidade,

a silhueta bela do ideal, o sol do meio-dia,

o céu azul das tardes,

a entrelaçada prata da vida.

Mas também amai a vida real

da matéria impura das ruas,

as calçadas gastas dos horários,

os deveres das lavadeiras, dos lavradores.

Amai a ausência, inclusive a tua,

o rosto vincado, as mãos calejadas.

Amai o homem imperfeito,

o homem sem casca, de carne e de osso,

o inverso colosso.

O pássaro

O pássaro não voa

somente por causa de suas asas,

se não houvesse o ar penetrável,

denso, fluido, resistente,

não haveria voo;

se a asa do pássaro

nada empurrasse ao bater,

não haveria voo.

Eu só ando para frente

porque empurro o chão pra trás,

o pássaro só voa

porque empurra o ar para baixo.

A vida é um não querer

para se querer,

é um largar pra existir,

é um sair do lugar.

Só me movimento

quando empurro o que me segura.

Vale para o pássaro,

vale para o homem,

vale para o poeta.

Coisas de verdade

A melhor flor é aquela impura,

bolha, turva, pústula entre o branco e o preto.

Sua gênese gradiente, ração de literatura,

é flor que lembra gente.

A flor toda boa, bela, angelical,

flor clareada, gente boa,

é flor sem mistério, de plástico, acética,

essa não nos serve,

é flor sem lastro terrestre...

Mas a canalhada, a canalhada prefere.

Só não vale o fingimento

Ao sonhar,

não durma,

atenha-se.

Prefira-o fazer acordado...

E ao encanto

que mortifica,

detenha-se:

sabe-se lá o que te aguarda.

Ao sortilégio,

pendor de quem não sabe,

cuidado, isso é veneno, meu velho.

No entanto,

sem perder em vislumbres, viva.

O vasto

e o belo

e até o lúgubre

(o fastio do mistério)

do chão pode partir.

Entretanto

tenha-o dentro de si.

E cada camada rompida,

um suspirado ar de vida.

Mas não se perca,

pois o caminho de volta

é de dor e de tropeço.

Mas se acaso se perder,

perca-se inteiramente,

saber-se perdido

já é o começo da volta...

e lembre-se,

todo caminho deixa rastros:

um corte inteiro

se insinua por um retalho.

Nessa grande aventura,

só não vale o fingimento.

Se uma canção apraz

Se uma canção te apraz, aproveite,
pode ser identidade.
No entanto, o gosto,
cuja veracidade é colocada à prova,
talvez não seja gosto,
e sim arremedo, drenagem.
A coisa que é nossa mesma
não desanima e nem se enrosca.
Insiste que existe, sem medo,
no vergão da cara e no som da prosa.

Estrutura

Se crias um mundo novo,
sem que tenhas estrutura
de mantê-lo bem montado
com ferro forte e ossatura.
Terás criado uma miragem
de perna fraca, sem fundura.
Que trapaceia seus olhos,
menos a distante criatura,
que de longe vê o falseio
de fingir-se nas alturas.

Muro

A essa hora da vida,

o que me importa o teu muro?

O que me importa o teu muro,

se o sol é mais queda que nascedouro?

O que me importa o teu muro

a essa hora da vida?

O que me importa teu muro,

se o tempo te é tão severo,

como nesse que te escreve?

Descontada a face festeira,

o que se tem,

senão um muro como face verdadeira.

Engabela

Iguais nós somos
no hall de um palácio
ou nos pilares das pontes.
Lapidada a pedra,
não é isso que se revela,
é uma coisa mais triste,
tão tristes, de crueza certa,
por mais que nos doa,
não passa de engabela:
de nossas miragens,
essa é a mais bela.

O morto

Enterrar um morto não faz sentido,

preferimos acolhê-lo,

jogar água em seus olhos,

preferimos respirá-lo

na esperança que acorde.

Mas o morto está morto,

já não canta, não dança,

nem faz fofoca.

O morto é comida de outros pares,

o morto não faz promessa,

nem leituras de mão,

o morto não pensa,

o morto esqueceu a tabuada,

não faz mercado,

nem se espanta com esse quadro,

não se sente.

O morto não joga xadrez,

mesmo assim os vivos o carregam

como se fosse um amuleto,

um fardo de dor e crueldade,

imerso no coração dos vivos,

existe como espantalho.

Maturação

O dia não acorda de bala,
ele vem com jeito mineiro,
é uma estrela que o sono morre,
é um raio que desperta brejeiro.
E quando as contas se fecham,
ninguém deve nada a ninguém.
A noite dorme em descanso,
o dia limita o horizonte
e todos sentem o que veem.

Tempo reescrito

O inferno não suporta

o suor dos deuses congruentes.

É nessa áurea

que amanhecem as lavadeiras

que tiveram sua noite desprendida.

Em suas mãos, o tempo reescrito.

Caráter

Não se pode cortar
e também não se pode costurar,
esse veio que da vida nos reboca,
mesmo veio que na vida nos coloca.
E, se não podemos ter tudo,
tenhamos o que temos:
Esse veio que de dentro a vida vemos.

Ninfas

O risco é ser moldura

onde cada um pendura o seu retrato.

O vácuo não desvirgina sua definição,

é necessário o vazio mais sincero.

Somente assim,

os deuses nos deitam a pele

e as ninfas nos falam humano.

Tua vida

Tu querias a vida
e tu tiveste,
querias o sol
e tu tiveste,
as manhãs claras e felizes...
Tiveste o sonho
em que tu eras acordado,
mas não acordastes.
Depois tu tiveste a noite como sonho,
a enlutada noite das eras,
dos cantos e das ninfas,
dos uivos, dos abismos
e das truncadas camélias...
E mesmo assim, tu não acordaste.
Agora que tens, em teu tecido,
dois sonhos de como viver,
duas maneiras de se saber só uma:
traqueia e sufoco,
outra, rio manso e calmo.
Poderá tecer um reino novo
em que teu gesto será remado
pela mesma lira do coração,
das coisas que se navegam.

Amar

O jeito é amar de pedra nas costas,
com dois caçuás.
Pisar na água escura
e entardecer com ternura.
Indagar sobre a vida,
mas não muito,
para que não a torne ofendida,
e dar conta do que vem,
seja ouro ou seja vintém.

Da pedra

Se amo a pedra,

a pedra não é uma pedra,

é uma pedra que amo.

Banho a pedra com minha alegria,

com minha tristeza,

com meus sonhos,

inclusive, com minhas mentiras.

Algo sabe que eu vi a pedra,

que entendi a pedra,

que furei o fato dela ser uma pedra,

que ali existe uma pedra encantada.

A pedra ganha um perdão

e deixa de ser pedra,

apesar de continuar lembrando uma pedra.

Coração da pedra

Aberto o coração da pedra,

a vida o infiltra como uma dor insidiosa,

afunda na lâmina de sua lápide

e mais fundo perfura o deserto.

E passa a ser vento, semente,

o verde do abacate,

a ternura da boca que ama,

o clítoris entumecido de uma fruta madura,

o pênis cavalar de um inseto,

o amargo das grandes viagens, o vento,

as mangueiras...

E meu coração a escutar essa seiva

que se ouve do coração da pedra aberta.

Eu sinto que a vida vale pela vida mesma.

Em tempo real

O tempo incrustado nas faces combalidas,

o sol revelando a textura

de suas diversas vidas.

Sua linguagem é sua própria existência,

a sua forma cessante.

Perceber a pedra

é ser a pedra em cada instante.

Real não seria a pedra,

se essa pedra de hoje

fosse a mesma de ontem.

Esfolar

Esfolar é o termo da moda,

não pelo seu uso,

mas pelo relógio da forma.

Esfola-se o tempo,

a cultura... Esfolam as palavras.

De lá de cima,

os mágicos de vinhos e gorgonzolas

orquestram os meninos

com varinhas e cartolas.

A dor

A dor,

se pôr em miúdos,

é barragem que não se rompe,

é a pele prendendo no pequeno

o que é grande,

é não colocar o sol

mais perto do que longe,

é intuir-se braço inteiro,

mas vaga-lume,

muro,

falange.

Outros meios

Quando salto uma poça d'água
depois da chuva, penso saltar o céu.
Tenho medo de cair pra cima
e do infinito retirar o véu.

Felicitateria

Não economizo felicidade,
mas também não desperdiço.
Guardo um pouco para quinta-feira
[Tem aquele encontro].
Guardo mais um pouquinho
pra antes de dormir.
O abatimento na alma quase nunca nos avisa:
aquele amigo que está se afastando,
as mulheres que me pareciam tão próximas,
e tem a morte
que quando não existe nos ameaça.
Nossa, preciso ir na felicitateria.

Amanhecer

Minha vida ficava em um cipreste
que me amarrava no mundo,
meus olhos eram cansados
e minha fome era de amor,
e, por não o ter, aprendi a amanhecer.

Afogamento

Sou um náufrago

e me apetece esse mar sonoro,

essa dança feita de ondas,

essa vertigem na cara queimando os lábios.

Daqui posso ver

todos os cascos dos barcos

que se aproximam.

Aos que queiram me salvar,

relaxem, é afogando que me renasço.

Nesse instante

A silhueta do agora traz consigo
a tiracolo o desgosto da memória
que grita como uma cadela no cio.
Ouço seu canto assassino,
seu tétrico desejo suicida.
Cruzo os braços,
nada posso fazer sobre o mundo que se foi,
sobre o beijo negado
ou o amor que não se fechou.
O silêncio evidentemente tromba
nessas coisas, mas nada comenta.

O olhar

Naquela hora da manhã,
com o céu refletido n'água,
os peixinhos brincavam
fingindo serem pássaros.

A pedra e a rosa

Aquela pedra lembra uma fome com preguiça,
lembra o curral desdentado,
lembra a tarde de uma eterna manhã,
lembra a pele de algo sem pele,
lembra o dedo dessa mesa,
lembra o inverso dessa desordem.
Aquela pedra não entra no bolso,
no tempo, nem no seu próprio ventre.
Quando rola, não rola,
finge outra coisa que não ela.
A pedra lembra coisa que não existe:
uma fogueira na boca de uma rosa.

Fauno

Fauno despertou-se do mito,
não se vê na terra e nos rios.
Fauno deixou de ser selvagem,
furtou-se em amor, mesmo sombrio,
que do céu caiu dentro da tarde
afogado pela falta de sentido.
Ergueu-se fauno, um mito triste,
longe das florestas e castigado.
Do seu chifre torto do diabo,
o trovão do desencanto nasce.
Sozinho, anda fauno sem vontade,
abandonado em tintas de contraste,
fauno chora de saudade,
pois não se acha no mundo de pedra;
pois fauno só na sombra ama,
Fauna que o pulsava coragem.

Lembra vento

Meus olhos colados à névoa das árvores
se refrescam ao corpo que anda,
que desce a ladeira, que sobe a ladeira,
que requebra...
É como uma dança solta, muito solta.
é toda movimento: nunca amou, só foi amada.
É fugidia, lembra o vento.

É aqui

É daqui, minha dançarina,

que vemos o mundo de novo.

É daqui, depois do salto,

que conversamos com as formigas

e compartilhamos olhares com os gafanhotos.

É daqui, onde se alarga o rio,

que compreendemos o tempo,

a salmoura que nos escorre por dentro,

e soletramos com as duas mãos

os pesadelos do coração.

É aqui que se tocam os opostos,

que enxergamos com outras lentes,

que damos conta do fingimento.

É daqui, minha dançarina,

é daqui, nesse lugar

onde tua juventude se afoga

e já não pode salvá-la,

que tua imagem lapidada

no forno da vergonha queima

como queima tudo que já não serve.

É que agora podemos dançar mais leve

nesse sereno profundo.

Graça

A tarde morre

e seus cantos de fogo

apodrecem à beira da noite.

Daqui a pouco,

ninguém lembrará das corredeiras de brasa,

da iluminada cascata de cores...

O papo vai ser outro,

vãos e abismos,

o ronco do mistério,

fios de agonia perfilando entre os dedos.

Mas uma esperança tenra se anuncia

nas gramíneas de estrelas.

Tua partida

Tu não verás a lua apodrecer
entre os edifícios,
nem o turvo rio perder o pulso;
Não verás cortarem a luz do quarteirão,
tampouco tombar a árvore na tempestade.
O sol da mais longa noite
voltará a coroar teu céu.
Terás ainda de sobrevoar o fogo do asfalto:
cuidado para não queimar
teus jovens pés descalços.
E um vento fresco, vivo, bom,
sem sobrenome, arrepiará o espaço justo,
infinito sob tuas asas...
Nele, partirás a galope.

Confiança

O rio,
mal sabemos
onde nasce, desce,
desce...
Passa
zigue-zague,
segue
serelepe.
Fleumático
às vezes,
equestre,
distanciando do
seu parto.
O mar
não o conhece,
não sabe dos seus tropeços,
dos seus desejos,
das pedras, barragens,
desfiladeiros e suas quedas;
não sabe do seu cansaço,
no entanto o recebe.

In

A noite chega

e suas águas nos desce

pela boca do corpo,

respiramos sua neve fria,

seu claustro de diamante,

seu traçado feito

por alguma mão incoerente.

A vida é uma pedra quente

que derrete o assoalho,

ventosa cêntrica,

vendaval na pele do escárnio,

voam imagens sobre nossa cabeça.

Tudo que sobe,

desce se perde o embalo,

porque somos pêndulos

e são mínimas as paradas.

Emborcamos o tempo,

sobre a mesa dos encontros

não se escuta nada.

Viagem

Instauro aqui o rio,

só mais tarde,

o mar lhe saberá o gosto.

Vórtices de imagens, diásporas,

ora escuras,

às vezes acesas,

janelas abertas,

abismos e trevas a perder de vista,

golpe no peito,

queda angustiosa sem parapeito.

Alguns cairão na boca do desatino,

outros, depois de mortos, aprenderão a nadar.

Instauro um coração

que pulsa na artéria da vida:

a carne se dizendo

sangue e aventura.

Em cada curva tomba,

como se já não tivesse tomado de sombra

os que buscam o paraíso,

a prometeica cidade

já sabe da crueldade dos deuses.

Rio

O rio cumpre-se rio,

não somente nos altos de sua pele,

mas no fundo profundo

onde se perdem as estradas,

onde se cala o tempo.

Entretanto, se o segue com medo,

do mistério já não se fala,

mas das fendas do inferno.

Água fera

No interior do rio,
entre suas margens,
preso ao leito sujo,
resvala seu retrato
preso no estreito
do assoalho de pedra.
O rio passa e não leva,
a sua imagem resiste
às correntes da água fera.

Vida represesada

55

O rio, em certos pontos,

não encontra passagem,

enche o espaço,

e fios de água transbordam e passam.

Tem ponto que aperta,

espirra,

procura outra brecha.

Assim é a vida quando represada.

Rio vida

O rio vaga lindamente

sobre a relva incandescente,

vaga perene, solitário no seu leito destino.

O ar refresca sua face.

O espaço abre o seu caminho.

Vai no vão abismado de solidão,

carregado; abre veredas,

banha as árvores, as pedras,

as areias de noites mal dormidas.

Reflete o céu ainda azulado,

às vezes rasga o caminho estreito,

outras, o pensamento corrompe a estrada.

Mas eterno descobre que não era nada.

Silenciosamente, copia a si mesmo,

repetindo na vagarosidade de sua esfera,

espera,

espinha.

Ao seu redor,

perguntas, poucas respostas;

ao seu redor,

a coisa já feita e desfeita,

as coisas de outras colheitas.

Parece dor,

parece prazer,

parece ser.

A sua nascente é violenta,

cospe como os vulcões, a lava,

o seu entorno proibido.

Não tem olhos ou olfato,

não sabe escrever ou ler

com a pele dos homens.

Por isso segue sendo o que é,

numa dança sem nome,

mas que carrega a graça dos que tem brio.

Desemboca num abismo de cores,

e nos carrega,

e nos engasga,

e nos afoga,

e nos ama,

mas no fim, nos forma.

O bloco do dia

O feijão pulava na panela quente

e minha mãe, pelo canto da sala,

via o futuro.

Meu pai, sumido no mundo,

tomava espasmo

e gritava dentro da noite.

Eu não era senão uma vontade,

um bilhete de amor,

uma promessa...

O feijão pulava na panela

e os corações pulavam na rua:

era aberto o bloco do dia.

Dia que morre, dia que nasce

O dia estrangulado não morre

sobre os escombros da mão assassina.

O dia segue cambaleante,

fogo malvado no ventre.

Diante de facas e esgrimas, grita,

enlouquece na tortura que sente,

ferve como o sexo das meninas,

chicoteia as pedras,

esfomeia-se a céu aberto, desespera.

Sabe-se parte que desintegra,

a morte brilha sua face,

e de sua mais profunda carne,

outros dias dele nascem.

Várias camadas

O tempo dobrado pulsa na carne:

acordar, ir ao mercado,

escolher frutas e grãos,

gastar o trabalho percorrido.

Intuir que um vale no céu

acende uma vida inteira,

que as águas tem várias águas

e que um mundo se dá

em cada uma dessas camadas.

Tempo quebrado

Não adianta reclamar,

esse tempo quebrou como se quebra

o copo quando cai da mesa,

como se quebra o prato

quando arremessado nas pedras,

como se quebra as coisas que quebram.

Não foi como uma metáfora,

mais como de cristal,

uma taça arremessada na calçada.

Quebrou e não cabe nos gestos,

nas gravuras ou palavras,

e não se remenda,

se o fizer, não vai ter a mesma cara.

Relógios

Fundo onde não tem fundo,

lugar sem lugar,

onde perguntas não tem vez,

arsenal esquecido.

Palavras, armas feitas de signos,

não tem vez nesse descalabro.

Palavras, outrora cachorras desgovernadas,

cheias de si, nesse ponto não tem reinado.

Abro-me então com os gestos do corpo

nos seus ombros de carne

e vejo relógios que nos travam,

relógios que nos descrevem.

Relógio com duas pontas

que rodam e rodam

como rodam as coisas que rodam,

como roda esse planeta

que roda num espaço terrível e profundo

que também roda.

Mas o relógio que nesse caso

roda em torno da mesma lente,

não entende de carne e de osso,

dessa impaciência que sangra dos pés

até o pescoço.

Lente que nos prende,

que dela depende a maioria, o fundo bolso.

Ponteiro pequeno, ponteiro grande,

numa dança satânica

que poucos entendem,

que nos arrancam da vida

e nos põe num fora dentro,

a troco do aluguel num bairro de bom papo,

do carro bem pago,

de comida na pança,

num simulacro de outra classe

como se dela fôssemos parte.

Nem só de pão vive o homem,

falou outro homem que, inconformado,

entrou na mesma dança.

Tic-tac pela manhã,

outro tic, outro tac no metrô,

outro tic-tac no relógio de ponto,

maquinário fermentado no abandono.

Onde está esse que escreve?

Perdido atrás de muitos relógios,

relógios soldados

que nos determinam em certos sonos.

Tempo

O tempo, lassidão e demora,
curso de graxa e gasolina,
boca infinita que me devora,
emborcado, reúne-se à máquina
feita de sangue e vozes.
Sou esse que anda
ou a estrada de gozo e agonia?
Vales, desejos,
os de hoje ou de outrora,
teu corpo, ainda jogado
na minha consciência,
cospe-me para fora
de teu canto livre e infame.
Mas de ombros,
sigo cambaleando cada vez mais;
para onde, se teu lábio é bomba
nesse coração de homem?

Peso morto

Escalar o tempo cada dia
como um lugar a ser pisado.
Qual piso me será oferecido amanhã?
Janela que se pronuncia
na forja da linguagem,
devir formalizado pelo dicionário.
Esse dia que termina está morto,
é degrau apagado,
salvo na memória que fere como o diabo.

Golpe de esgrima

Pouso nessa costura feita

com os pedaços dos anos,

a luz é intensa nesse bordel de estanho.

A coxa da noite já se esfrega no meu sexo,

o tempo arranha a juventude

que se vinga com esgrima,

que foge das letras.

Quem vai relaxar nesse lugarejo

mal desenhado?

As torres ansiosas se infiltram

na garganta das horas

que no relógio é apenas forma.

Nascimento

Se não fosse o bosque escuro,

as diversas quedas,

o universo pairando numa dança destrutiva;

Se não fosse a saudade: tortura de amar;

Se não fosse a vida;

Se não fosse a morte...

Dancei diversos sonhos,

todos gritavam teu nome,

como uma fome, um descaminho,

o pão diário de uma intimidade.

Fui até a mais alta montanha

e de lá vi os destroços de uma guerra,

a invisível guerra dos que vivem.

Mas não sei fazer mapas,

dancei nos recantos dos vales,

quase escuros, quase claros, no fundo mesmo,

escuro.

A noite, pouco importa a sua classe,

vai escurecer todas as varadas.

Oremos pelo corpo que temos,

por andar, mesmo por trios descalços,

mas cada suspiro do coração

é uma pedra que se encaixa.

Bosque

Entraram no bosque

e sobre a relva deliraram serpentes

em elétricas vozes de acasalamento.

Não era por amor ao presente bem recebido

que acende o tempo diante dos olhos,

mas desalento,

que chega a meio caminho do percurso.

O medo morde o encontro

com sua boca de delírio e fome,

insinua como quem deseja,

como quem ama,

como quem morre ou enlouquece

por um triz de verniz.

Será o medo um ser, um bicho, uma ninfa

ou um semideus feito de régua e açafrão?

Escreveram com sangue uma carta,

o mesmo sangue

que atravessa casas e castas,

que atravessa os rochedos,

as plantas, os escombros dessa era.

Escreveram e guardaram sob a pedra,

sob o tempo que um dia haveremos de recobrar.

Explosão

Explode do chão
a prometida semente
então enterrada,
explode em fogo
sua massa deflorada.
Uma turba de vagalumes
contemplam a escuridão aos gritos.
Os baldes de tédio são despejados
pelas janelas,
paredes se rompem,
queda, morte, espanto, respiro assombrado.
O espaço se estica,
plástica maneira de não fazer nada.
Desde 1974, não havia tanto barulho.

Olhar amoroso

...Do fogo,

o clamor do nascimento.

As paredes entortam

como espinhaço de aço,

deita, peita o chão

ou beija sua face com o coração assombrado.

Quem é esse que, por dentro,

invade o sentido a tanto custo construído?

Será a vértebra de alguma

verdade engaiolada?

Será a escora de um mundo em degola

ou aquele que, quando a sombra da tarde

deitou sobre seu peito,

escondeu-se no subsolo do corpo?

Como coube se é tão grande e forte?

Tenho medo de ti, do teu rosto sem face,

de seu corpo sem pele,

das suas mãos sem dedos...

Mesmo assim te observo,

olho-te como se olha algo que veneramos,

mas que também tememos.

Como ajeitar essa casa para que você entre,

se o espaço é apertado,

mal cabe o sofá comprado a tanto aperto?

Se derretesse,

se cortasse as unhas afiadas,

o exagero de seus espasmos.

No entanto, não escuta,

quer apenas o que te pertence,

a face vista por algum olhar amoroso.

Verde

O verde da folha do milho

é o verde da folha de goiaba?

E o que falar do verde do grilo,

que alguns na Bahia chamam

de esperança...

E o verde do mar?

E o verde da mocinha

que ainda não sabe de nada

e é bela por causa disso,

sua beleza vem desse verde

que ainda lhe exala?

Que espécie de sonho

vive as coisas bonitas

que se deixam inundar desse verde?

Gosto de verde,

como gosto de fruta verde,

dessas frutas que o verde

não está somente na casca,

mas no miolo,

na intimidade da fruta.

A mesma fruta verde

que não sabe de seu destino,

não sabe que algo vem lhe amadurecer,

tirar sua cor,

porque algo da vida lhe precisa assim.

A vida deveria ser toda verde,

sem o apodrecimento da noite

e das coisas que não tem cheiro de verde.

Da coisa mesma

Se tiro o talo da folha,

se prossigo

e excluo seu veio,

se excluo sua forma folha,

o que fica da folha?

Se excluo o azul do céu,

seu sol,

sua lua noturna,

se excluo suas nuvens de prata,

seu infinito de sonhos,

suas estrelas,

a sensação de bruma...

Tem coisa que não se tira da coisa,

porque é da coisa mesma,

e se faço isso,

não posso guardar a coisa:

a coisa como a coisa mesma.

Corte transversal

Corta-se em transversal o tronco caído,
dimensões se mostram.
A cada fase do corte,
o pequeno e o crescido.
Apreendo do tronco cortado
as suas diversas fases,
seus fracassos sucessivos,
como se cada camada cedesse,
a outra camada, o seu destino,
até então, pela altura dada, impossível.

Alguma coisa que vai faltar

A estrada se põe
como o sol no fim do dia.
Onde ponho esse trago de veneno,
esse porre de angústia,
essas noites mal dormidas,
seu rosto,
seu andar lento e sereno,
sua vontade de viver?
Amava como quem mascava chiclete,
de graça, ao vento;
como quem dissesse amor pelos cotovelos.
Abrir essa bolha embolorada,
sacar teu coração ainda verde
que me lembra mangas adolescentes
penduradas de esperança.
Quem diria que tua vertigem abalaria o
mundo, quem diria?
Eu disse, em silêncio, mais que o tempo.

A tarde

A tarde explode
sob a linha do pensamento,
fogo e água a um só tempo,
jangada solta no mar revolto,
tua palavra é estilhaço nas ondas...
E a retina que cobre as lembranças se estica,
rompe,
peixe,
polvo,
artéria que trafega a vida.
A infância se vinga nessa tarde que explode,
nela se arrastam mortos e feridos,
um baile que emborca os vivos.

As caras da vida

A vida é leve de manhã
quando o rio não sabe
da textura das pedras e as perfuram,
cálidas e fluídas,
como se tudo fosse espirito.
Só que mais tarde,
o que parecia pluma
se transfigura na natureza do prego
e se conforma com as letras de arame:
pesada e truncada...
E cada passo nos consome.

A fruta

A queda de madura, o fim,

o gosto de trevas.

O solo devorará o que o outro não quis,

o pássaro, algum estômago.

Nada gritará,

nada percorrerá o terreno dos desesperados,

desmanchará mansamente

sob o delírio de verme e inseto.

Talvez a semente vingue

em algum lugar, talvez.

Nada é certo nesse plano de quedas,

no escuro estômago da terra.

Mas a fruta com aquela calda

que enche a boca de água,

onde pousou o sol

que fez dela desejo e vontade...

Não, essa morreu,

como morrerá esse dia que pulsa no meio-dia.

Será eterna essa vida que se esvai todo dia?

Não lamentemos a fruta perdida,

o solo tornou-se fértil com sua agonia.

Sombreados

No teu mar de sentimentos,

ponho meu barco silencioso,

vago sem nome

pelo teu ventre de gozo,

por teu espasmo de carne viva,

pois sou ninguém

quando me ponho em versos.

Deitar no teu corpo,

entrar na tua pele, nos teus vagões

e quebrar os vitrais de tua catedral.

E quando estiverdes também sem nome,

seremos duas sombras se amando.

Sua flor

Você tem jeito de flor...

Tem jeito de flor daquela praça,

tem jeito de flor daquela praça

que te conheci, perto da igreja.

Você tem gosto de flor,

aquela flor que vi naquela praça da igreja.

Você tem jeito e cheiro de flor,

daquela flor que vi lá na praça,

no meio de suas pernas...

Língua no pescoço

A luz salta num mortal eterno...

E tua nuca nunca foi tão linda...

Quero escrever com a língua o teu pescoço,

refrigerar tuas vértebras

com o sopro dessa boca.

Depois,

pelos,

gritos,

terra...

E mais depois,

saber que tua língua sabe dançar

sobre o fogo, que, antes de tua fala,

há um lago que te move.

Encontro

Bem fundo,

na gruta mais funda,

chuvosa de perfume e madeira,

líquidos derramando na trama de algodão,

o venusiano aroma de alecrim e azeite.

Meus dedos na lira

de florescência entumecida,

um pequeno sol em lágrimas

na lisa carne de sua descoberta,

a desejosa língua ondulada

no seio desse minúsculo

corpo vermelho e amoroso,

tão cheio de si,

banhando a memória com seu tabu.

Depois a luta,

a luta forte e destemida

de dois corpos se amando.

Seja tu a tua maneira

85

A suave sensação de agosto aos meus olhos.

Tua curva, as diversas nuances do desejo,

tua vulva indecorosa me cavoucando

os abismos suplicantes.

O mar está calmo,

mas maligno na sua grandeza,

destrono-te da envergadura do tempo

e te sinto como se sente

a vertigem das profundezas.

Mas se isso não te bastar,

seja tu a tua maneira.

método

A melhor Luz
é aquela que
na forma declina
e não se contorce
às mãos que prosseguem em labuta.
É essa máxima
que acende a lâmpada do esforço,
é a espera que exaure o enigma.

Da faca

A faca não nasce no bife
ou na mesa da família,
nem nas fatias de pão sobre mesa.
Algum deus espancou o mundo
com seu desejo,
plantou fundo no coração da terra
sua raiz minério.
Então, fizemos o fogo
ou descobrimos que sabíamos
derreter coisas Inquebrantáveis
e justapor, no mesmo espaço,
tempos diferentes.
Daí a dificuldade em compreender
a extensão de uma faca.

Pela goela

Da casa velha,
o suor já enxuto
quase já não fala...
Da minha avó,
aprendi a costurar o tempo
e me calar quando chove.
Eu nunca deixei de ser
aquele menino que não sabe do mundo
e que pensa pela goela.

Luz acesa

Acesa a luz,

toda irregularidade das superfícies aparece,

sulcos intermináveis por entre as peles,

vômito a flor da estrada,

mais pancada que silêncio,

passagem rápida nas lombadas.

Do medo, nem se fala,

o mais difícil é deixar o barco em paz

no redemoinho de palavras.

A luz

A luz ilumina o escuro
que não rima a coisa que não explica,
que não passa da goela da crista.
A luz se mostra escondendo:
liga espontânea de terra e firmamento.
A luz que desvela do fosso a artéria,
o barranco maçante do tédio.
A luz que transpassa
e se abre ao lance mínimo:
a máximo redução a tudo.

Salto sobre o fogo

Na vida estou inscrito
como uma cicatriz elétrica:
canoa acesa nesse mar de imagens.
Remar sobre suas telúricas tramas secretas,
lonjuras e luzes se comunicam
pelo silêncio do assombro.
Ainda ontem,
eu era um menino correndo com as palavras;
agora, dou saltos sobre o fogo.

Do mesmo ramo

Não direi da forma,

da obtusa forma que esconde;

sequer da substância,

o deus fundo que me consome.

Não serei eu

que repartirei o mundo em categorias,

não lhe porei relógios simultâneos.

O lugar poético não é o mesmo dos homens:

o tempo afetando o espaço,

ortogonal verdade,

diferentes flores do mesmo ramo.

Reverso raiz

O poema nasce nos expondo ao seu reverso,

torres e mortes espalhadas,

sequer um bosque de descanso,

nem memória ou fome,

a pura ausência do mundo,

queda e desamparo.

Enquanto ferve nos pedregulhos a carne,

o poema, que ainda jaz a espera,

é um afogamento, poema problema,

tormenta no vazio de quem o gesta,

sem cidade,

sem o café da manhã esperado

ou a toalha bem bordada.

Todo o descampado é nada,

mas no seio de sua cruz,

luz e encantamento,

a poesia se instala num cercado de palavras.

O poema receberá visitas

e ouvirá quem não o compreende.

O poema é um deus menino

gerado num precipício.

Dois mundos

O impulso que me chega,

não é poesia, tampouco inspiração,

é o mistério pedindo perícia.

E no tecer de artesão,

vou esculpindo os versos.

E nasce o poema,

ilha de perturbação

que sintetiza um abismo

com aresta e profusão.

Quando pronto,

o poema se faz de mundo: bonito, claro

e estruturado.

Por fora, mostra a beleza;

por dentro, esconde o diabo.

O poema

O poema se faz no redemoinho

do próprio quarto,

late, grita, esperneia,

empurra as paredes, quer ser.

No entanto, como todo nascimento,

sua saga é forjada na dor,

no salto e na agonia

que se esfrega como uma poça de morte.

O poema se infiltra

pelas frestas mais estreitas,

vai e volta, duvida.

É fuga ou nascimento, morte?

O poema agora sabe,

o poema se torna poema

pela sua própria sorte,

do desespero que lhe impôs o limite

e do choque.

O fogo acendeu sobre a superfície das águas,

algo tombou pelo suco das eras,

jorra sangue,

jorra pedra,

pingando a bagos de sombra.

O poema já não é pra ser tudo,

o poema desnudo de qualquer firmeza,

de qualquer ponto de vista.

O poema flutua na névoa do nada,

é, sem ser, e nisso ele se faz luz, encontro,

perda e ganho, o raso e o fundo.

O poema se faz barco de setenta mil lugares;

barco, também, sua jornada desde o estalo

até os vales mais macabros

e as veredas mais doces e amorosas.

O poema fala simplesmente

pela sua existência.

O poema então voa pela vida afora,

às vezes esquecido,

as vezes tormenta de questionamento.

No mais, rei dos ares,

das escadarias prateadas,

das mais belas coisas

que os olhos possam ver ou imaginar.

Então esse poema é,

passa a vida de acordar, de abrir, de revelar,

mostrar, trazer, retornar...

O poema sendo tudo, pode tudo:

poder que transcende

as cortes do entendimento.

O poema,

o poema dorme num sono acordado,

sem sair ou entrar.

O poema se faz só

pela inteireza de sua natureza.

Como fazer um poema

Cavoucar, arte tenebrosa,
cavar como um operário,
descer no limite, (se é que...)
cavoucar profundamente e,
na obscuridade da sombra,
abrir a carne entremeada
de veias e veneno
e acender as candeias.
Ao monstro, o gesto mais fino:
de caneta a pico,
encantá-lo com a mão em movimento.

Fonte

O que escrevo,

senão esse rio que me afogo.

Mergulhar no sufoco das águas,

em seus canais sulfurosos, em seu vórtice,

onde o trauma encapsulado

mantém o seu reinado.

Confesso, é um diletantismo suicida.

Tudo para pescar o verso

batizado pelas águas da vida,

o verso iniciado nos porões do corpo.

Esse verso socorrido

nas entranhas do mistério,

já é vida em estado estético.

Genealogia

Trêmulo, sem nome,

discurso ou desculpa,

o poema é um embrião

que lateja sem censura.

Dói, late, grita,

vomita sua vida escura.

A mão escrava o principia sobre a terra,

põe nele um gesto,

uma membrana feita com a língua.

O poema esguicha seu vigor

pelos arredores do ser, uma luz,

um curto circuito

que estilhaça eletricamente na pele,

não precisa de colo

ou ir à escola,

o poema já nasce adulto,

já nasce fruto,

quem dele respira,

fecunda-se de seu germe alucinógeno.

Razão destronada

Do pulso saio,

para o pulso volto.

A fogueira acesa queima

e a linguagem ganha fôlego para prosseguir.

As estrelas se entrelaçam às palavras,

luzes, trovoadas...O horizonte escurece

e acende numa tormenta sem nome.

Somente o susto a vagar pelos cantos,

balançando as árvores

e dizendo o que só a natureza entende,

o silencio, a razão destronada.

O corpo sabe mais que a cabeça,

o poema dá cambalhota no escuro do tempo.

Ele diz, mas não fala.

Ele encolhe, mas precipita.

Quer um nome.

O vapor da espera o desespera,

o tédio roda nas paredes das artérias

que espirra gozo de luz e azeite.

Afogado, o poema bate perna,

braço, chama, suspira, deixa-se morrer.

Mas não morre, a loucura o salva,

deita-o na praia,

beija sua boca

e suga seu mel.

Engasga,

cospe para fora todo passado de sua jornada.

Levanta, ajeita o corpo,

veste sua roupa de signos

e segue para o infinito das prateleiras.

Lustro

Nesse rumo sem nome,

silenciosamente, tiramos os sapatos

e soltamos os laços que nos pesa.

A poesia nos acorda

e, no fundo, a vida lateja.

Afogamos nesse mar

ou aprendemos a flutuar,

a ser no espaço o silêncio que nos cabe.

Acender as lamparinas,

evocar os vaga-lumes,

o fogo dos relâmpagos,

as coisas que iluminam esse despenhadeiro

onde canta o desespero,

mas que a graça acompanha

com seu canto de pássaro vivo.

O barco segue na esperança

de uma ilha ou de um parto no meio da noite.

Luz e lubricidade como duas serpentes,

num gozo de brasa e claridade.

Abrimos o livro,

escolhemos o poema que fale mais fundo

e esperamos um pássaro cantar.

Fruto maduro

Ergue-se, na poeira do dia,

teu nome untado em azeite.

A luz corre por entre os dedos

e materializa numa cidade santa.

Ordeno a tua boca,

a tua língua de sangue espuma,

dê-me o teu bronzeado de ouro e ternura,

dê-me teu leite,

acenda minha casa soturna.

Desfeito de mais um sonho,

escrevo versos e risco com granizo

a calçada por onde piso.

A solidão é o fruto mais maduro.

Acendedor de palavras

Bagos de brasas,
baldes de fogo,
eletricamente nesse mar de imagens,
pronuncio teu nome.
Mas não olho os dentes do cavalo recebido,
nem leio cartas endereçadas a quem não lê.
Abro a janela às oito horas,
quando moribundos servem
o ensopado de ervilhas.
Escritura, espinhaço do tempo,
torno-me um acendedor de palavras.

A vida

Não se doma o mundo,

selvagem por natureza,

púrpuro ranger das patas de cavalo surdo,

a sela nada lhe diz,

salvo a ignorância dos homens.

O intelecto só sabe contar,

anda de passo a passo,

não se rasga sobre abismo.

A vida não, ela dá salto,

pulo quântico, mortal de ginasta;

das coisas do oculto, não faz bravata,

voa, cospe, dá pernada...
Nada mais belo que a vida fazendo verbo.

Na ponta dos dedos

Dessa vez, a oferta é o afeto,

o corpo descongelando,

um regato nas pontas dos dedos,

o rancor transfigurado.

Separar a forma do significado do poema

é uma abstração das mais descaradas,

por isso que os olhos precisam

falar com o coração

antes de fazer as coisas renascerem.

Ausência

Neste espaço,

onde escrevo o poema,

teu corpo já houve,

já esteve onde agora jaz um cataclismo.

A fruta madura servida no café,

tua mordida de dente e vontade,

teu perfume indecente

de quem havia engolido

todo o sonho de juventude.

Eu ali, perto, fazendo outro poema,

onde as ruas eram traficadas

e a luz batia em minha porta.

E de tão farto,

eu não me abria:

vozes e dançarinas

impertinentes no fundo do quadro.

Não imaginava a pobreza de outros planos,

nem a agonia da casa ao lado,

o sono profundo que a vida impõe.

Nada disso eu sabia,

mas te amava como o sol, a plantação;

como o céu, as estrelas.

A Ferreira Gullar

Ainda é suja a tua terra,
ainda é suja a borda dessa vida,
a jangada lateja na tua ausência.
Amo Gullar,
gulosamente amo o teu jeito
de desassombrar.
Amo tua pata de angústia,
a tua inquietação que lembra mais uma flor
que depois da tempestade é mais vívida.
Apreendi de tua poesia
as minhas diversas galerias,
as minhas toneladas de sombra e desespero.
Soube, desde o dia que te conheci,
o homem e poesia.
Até a tia tossindo encontrei
nos tecidos das minhas pastagens.
Teu coração fez o meu bater.
Foi embora...
E o preço do feijão ainda está nas alturas...
Não te esquecerei.
Mesmo no esquecimento,
tua influência vai me navegar.

Diversas vezes quis,

diversas vezes consegui

a vida tão pronunciada em tuas palavras,

a vida que segue a morte de seus filhos,

mãe ingrata, diria alguns;

mãe sensata, diria aqueles

que sabem mais que a gente.

Eu não sei,

por isso essa dor,

que não importo,

porque todo bom poema

é sujo em sua vertigem.